MBA MPA MPAcc MEM

管理类 经济类联考

主编 吕建刚

秒杀技总结手册

口诀、公式、技巧
随时翻阅，查漏补缺

中国政法大学出版社

2022 · 北京

目录

第1部分

41个必考点

必考点 1-3 充分条件、必要条件、充要条件

编号	条件关系	含义	典型关联词
①	充分条件 （A→B）	当事件 A 发生时， 事件 B 一定发生	如果……就…… 只要……就…… 一旦……就…… ……就…… ……必须…… ……则…… ……一定……
②	必要条件 （¬ A→¬ B）	当事件 A 不发生时， 事件 B 一定不会发生	只有……才…… ……是……的前提 ……是……的基础 ……对于……不可或缺 除非……才……
③	充要条件 （A↔B）	事件 A 对于事件 B 来说既是充分的又是 必要的	当且仅当 ……是……的唯一条件

必考点 4-6 联言命题与选言命题

名称	符号	读作	含义
联言命题	$A \land B$	A 且 B	事件 A 和事件 B 都发生
相容选言命题	$A \lor B$	A 或 B	事件 A 和事件 B 至少发生一个， 也可能都发生
不相容选言命题	$A \forall B$	A 要么 B	事件 A 和事件 B 发生且仅发生一个

必考点7 性质命题

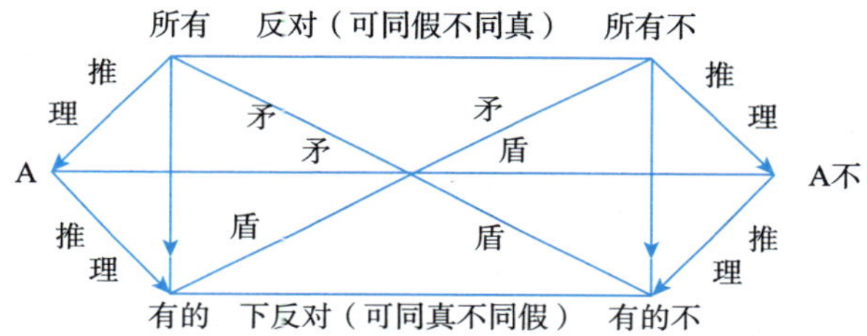

编号	关系	判断	真假情况
①	矛盾关系	“所有”与“有的不” “所有不”与“有的” “某个”与“某个不”	矛盾关系，一真一假； 一真另必假，一假另必真。
②	反对关系	“所有”与“所有不”	反对关系，至少一假； 一真另必假，一假另不定。
③	下反对关系	“有的”与“有的不”	下反对关系，至少一真； 一假另必真，一真另不定。
④	推理关系（此处满足逆否原则）	所有→某个→有的 所有不→某个不→有的不	上真下必真，下假上必假； 反之则不定。

必考点8 模态命题

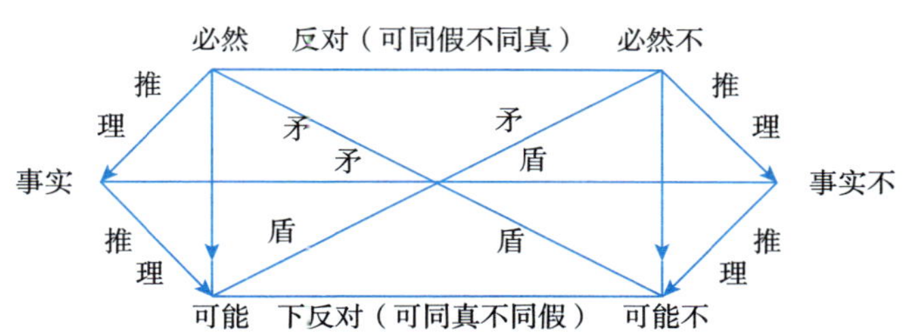

编号	关系	判断	真假情况
①	矛盾关系	“必然”与“可能不” “必然不”与“可能” “事实”与“事实不”	矛盾关系，一真一假； 一真另必假，一假另必真。
②	反对关系	“必然”与“必然不”	反对关系，至少一假； 一真另必假，一假另不定。
③	下反对关系	“可能”与“可能不”	下反对关系，至少一真； 一假另必真，一真另不定。
④	推理关系（此处满足逆否原则）	必然→事实→可能 必然不→事实不→可能不	上真下必真，下假上必假； 反之则不定。

必考点9 负命题

负命题	负命题的公式	负命题的口诀
性质命题的负命题	“并非所有”等价于“有的不” “并非所有不”等价于“有的” “并非有的”等价于“所有不” “并非有的不”等价于“所有”	肯定变否定，否定变肯定； 所有变有的，有的变所有。
模态命题的负命题	“不必然”等价于“可能不” “不必然不”等价于“可能” “不可能”等价于“必然不” “不可能不”等价于“必然”	肯定变否定，否定变肯定； 必然变可能，可能变必然。
联言选言命题的负命题	$\neg(A\wedge B)$，等价于：$\neg A\vee\neg B$ $\neg(A\vee B)$，等价于：$\neg A\wedge\neg B$ $\neg(A\forall B)$，等价于： $(A\wedge B)\vee(\neg A\wedge\neg B)$	肯定变否定，否定变肯定； 并且变或者，或者变并且。

续表

负命题	负命题的公式	负命题的口诀
假言命题的负命题	① ¬（A→B）= A∧¬ B ② ¬（¬ A→¬ B）= ¬（A←B）= ¬ A∧B ③ ¬（A↔B）=（A∧¬ B）∨（¬ A∧B）= A∀B	① 有它，但是也不行 ② 没它，但是也行 ③ 一生一死

必考点 10 关系命题

分类	含义	例子
对称关系	如果 A 与 B 有着某种关系，那么 B 与 A 也一定有着同样的关系。	（1）老吕和康哥一起吃饭，则康哥和老吕也一起吃饭。 （2）老吕和康哥是同事，则康哥和老吕也是同事。
非对称关系	如果 A 与 B 有着某种关系，那么 B 与 A 可能有这种关系，也可能没有这种关系。	（1）酱油喜欢酱心，则酱心有可能喜欢酱油也可能不喜欢酱油。 （2）我认识冬雨，则冬雨可能认识我，也可能不认识我。
反对称关系	如果 A 与 B 存在着某种关系，那么 B 与 A 肯定没有这种关系。	（1）老吕的头发比康哥的多，则康哥头发不可能比老吕多。 （2）老郭是小郭的爸爸，则小郭不可能是老郭的爸爸。
传递关系	如果 A 对 B 有某种关系，B 对 C 也有某种关系，那么 A 对 C 也有这种关系。	张三比李四年纪大，李四比王五年纪大，因此，张三比王五年纪大。

续表

分类	含义	例子
非传递关系	如果 A 对 B 有某种关系，B 对 C 也有某种关系，那么 A 对 C 可能有这种关系，也可能没有这种关系。	康哥认识老吕，老吕认识冬雨，则康哥可能认识冬雨，但也可能不认识冬雨。
反传递关系	如果 A 对 B 有某种关系，B 对 C 也有某种关系，那么 A 对 C 一定没有这种关系。	老郭是谦哥的爸爸，谦哥是大林的爸爸，那老郭一定不是大林的爸爸。

必考点 11 概念与定义

编号	规则	违反规则的逻辑谬误	例句
①	定义项不得直接包含被定义项	同语反复	聪明人就是脑子很聪明的人
②	定义项不得间接包含被定义项	循环定义	奇数就是偶数加 1；而偶数就是奇数减 1
③	定义项的外延和被定义项的外延必须完全相等	定义项>被定义项：定义过宽	人类是指用肺呼吸的哺乳动物
		定义项<被定义项：定义过窄	人类是指女人
④	定义不应包括含混的概念，不能用比喻句	定义含混	儿童就是指祖国的花朵
⑤	定义不应当是否定的	用否定句下定义	男人就是不是女人的人

必考点12 集合概念与类概念

类型	定义
集合概念	集合体是指一定数量的个体所组成的全体。反映集合体的整体性质的概念，就是集合概念。
类概念	类概念，又称非集合概念，它表达的是这个概念中每个个体共同具有的性质。
集合概念与类概念区别	（1）集合概念具有的性质，组成集合的个体未必具有。 （2）类概念（非集合概念）具有的性质，这个类中的每个个体一定具有。 （3）利用“每个”“之一”对二者进行区分，语义不发生变化的为类概念。

必考点13 概念间的关系

关系类型	定义	图示
全同关系	两个概念的外延完全相同。	A B
种属关系	一个概念A(种)的外延包含于另外一个概念B(属)的外延。	A B

续表

关系类型	定义		图示
交叉关系	两个概念在外延上有并且只有一部分是重合的。		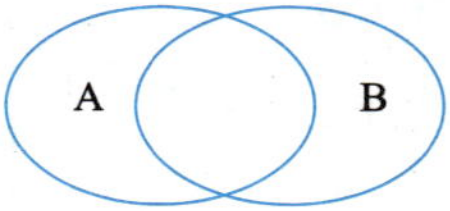 A B
全异关系	矛盾关系	两个概念的外延没有重合，并且两个概念的外延相加是全集。	 A B
	反对关系	两个概念的外延没有重合，并且两个概念的外延相加不是全集，至少还有一个事物不属于这两个概念。	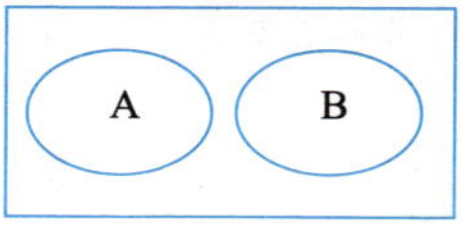 A B

必考点 14 概念的划分

按照一个标准对概念进行细分，就是对概念的划分。

编号	规则	违反规则的逻辑谬误	例子
①	标准要统一	划分标准不一致	杂志分为季刊、月刊、外文刊物。 分析：季刊、月刊是按出版时间划分，外文刊物是按语言划分。
②	层级要一致	不当并列	学生可以分为大学生、中学生和一年级学生。 分析：大学生、中学生应该与小学生并列，不能与一年级学生并列。

续表

编号	规则	违反规则的逻辑谬误	例子
③	不重 各部分不能有交集	子项相容	人类可以分为男人、女人和孩子。 分析：男人与孩子、女人与孩子都有交集。
④	不漏 各部分相加要等于原概念，不能比原概念外延小	划分不全	人类可以分为老年人、中年人和幼儿。 分析：老年人+中年人+幼儿<人类。
⑤	不多 各部分相加要等于原概念，不能比原概念外延大	多出子项	孩子可分为婴儿、幼儿、少年和中年人。 分析：中年人不属于孩子。

必考点 15 假言命题的串联推理

已知 A→B，B→C。	
可将已知条件串联	A→B→C。
逆否	¬ C→¬ B→¬ A。
箭头指向原则	有箭头指向则为真， 没有箭头指向则可真可假。

必考点 16 二难推理

<table>
<tr><th colspan="2">类型</th><th>特点</th><th>公式</th></tr>
<tr><td rowspan="2">进退两难与左右为难</td><td>进退两难</td><td>有一件事，我干也难（进也难），不干也难（退也难）。</td><td>$A \lor \neg A$;
$A \to B$;
$\neg A \to C$;
————————
所以，$B \lor C$。</td></tr>
<tr><td>左右为难</td><td>对某件事，你现在面临两种选择，但这两种选择都有难处，左右为难。</td><td>$A \lor B$;
$A \to C$;
$B \to D$;
————————
所以，$C \lor D$。</td></tr>
<tr><td rowspan="2">迎难而上与难以发生</td><td>迎难而上</td><td>有一件很难的事，你退也得做，进也得做，那么迎难而上吧。</td><td>$A \lor \neg A$;
$A \to B$;
$\neg A \to B$;
————————
所以，B。</td></tr>
<tr><td>难以发生</td><td>如果一个事件 A 的发生会推出矛盾，说明这个事件 A 不可能发生（难以发生）。</td><td>$A \to B$;
$A \to \neg B$;
————————
所以，$\neg A$。</td></tr>
<tr><td colspan="2">难上加难</td><td>对某件事，你现在面临两种选择，但这两种选择都有难处且需要同时选择，难上加难。</td><td>$A \land B$;
$A \to C$;
$B \to D$;
————————
所以，$C \land D$。</td></tr>
</table>

必考点 17 性质命题的串联推理

类型	编号	句式	符号化
全称命题的串联推理	句式①	A 是 B	A→B
	句式②	所有的 A 是 B	A→B
特称命题的串联推理	句式③	有的 A 是 B	有的 A→B
已知：有的 A 是 B，所有 B 是 C，可得：有的 A→B→C。			

必考点 18 隐含三段论

类型	前提	结论
标准三段论	两个性质命题构成的前提	一个性质命题构成的结论
隐含三段论	一个性质命题构成的前提	一个性质命题构成的结论
解题要点	已知 A→B，因此，A→C。需要补充条件 B→C，这样才能使结论成立。	

必考点 19 推理结构相似题

题型	题干特点	解题技巧
推理结构相似题	提问方式： "以下哪项与题干的推理最为类似？" "以下哪项与题干所犯的逻辑错误最为相似？"	第 1 步：将题干的推理结构形式化。 第 2 步：将选项的推理结构形式化，或加题干最为类似的。

必考点 20-25 综合推理常见题型

题型	题干特点
真假话问题	题干中已知几个命题，又已知这些命题的真假情况，要求根据这些命题来判断选项的真假情况。
匹配题	题干中出现两组或多组元素，元素之间存在匹配关系，这类问题称为匹配问题。
选人问题	题干中给出几位候选人（或物品），从中挑出一个或多个，这样的问题可称为选人问题。
排序问题	如果题干中给出如身高、得分、比赛名次等可以进行大小排序的内容，即为排序问题。
方位问题	如果题干中出现左右、上下、前后、围桌而坐、东南西北等信息，则为方位问题。
数独问题	此类题目中会出现一个由小方格组成的 N × N 的矩阵，要求矩阵的每个小方格里填入一些元素，并且要求行、列或某些特殊区域中不能有重复元素。

必考点 26 论证与论证结构

构成部分	具体内容	内容特点	常见标志词
背景介绍	是相关论证的一个引子。	①事实描述。 ②与观点不直接相关。 ③一般默认为真。	/

续表

构成部分	具体内容	内容特点	常见标志词
论据	用来证明论点的理由和证据。 一般包括两大类：一是事实论据，二是理论论据。	①事实描述。 ②用于证明观点。 ③论据不一定为真。	（1）标志词后接论据：例如……，因为……，由于……，依据……，据统计……，等等。 （2）标志词前接论据：……据此推断，……研究人员据此认为，……因此，……专家由此认为，等等。
论点	论证者所要证明的观点。	有所断定。	因此……，所以……，可见……，这表明……，实验表明……，据此推断……，由此认为……，我认为……，这样说来……，简而言之……，显然……，等等。
隐含假设	虽未言明，但是论证要想成立所必须具有的一个前提。	不在题干中直接出现。	/

必考点27 论证逻辑的题型识别

题型	提问方式
削弱题	“以下哪项如果为真，最能（或不能）削弱上述结论？” “以下哪项如果为真，最能（或不能）对上述结论提出质疑？” “以下哪项如果为真，最能反驳上述结论？” “以下哪项如果为真，最能说明上述结论不成立？” “以下各项都是对上述论点的质疑，除了哪项？”

续表

题型	提问方式
支持题	“以下哪项如果为真，最能支持上述结论？” “以下哪项如果为真，最能加强上述结论？” “以下哪项如果为真，最不能支持上述结论？”
假设题	“上述结论如果要成立，必须基于以下哪项假设？” “上述论证假设了以下哪项？” “以下哪项最可能是上述论证所作的假设？”
解释题	“以下哪项如果为真，最有助于解释上述现象？” “以下哪项如果为真，最能解释上述差异？” “以下哪项如果为真，最有助于解释上述矛盾？”
推论题	“以下哪项最为恰当地概括了上述断定所要表达的结论？” “如果上述断定为真，则以下哪项断定必然为真？” “如果上述断定为真，最能推出以下哪项结论？”
评论题	“以下哪项最为恰当地指出了上述论证中存在的漏洞？” “上述论证采用了以下哪种论证方法？” “以下哪项对上述论证基本结构的表述最为准确？” “回答以下哪个问题对评价以上陈述最有帮助？” “以下哪项最为恰当地概括了上述争论的问题？”

必考点28 论证逻辑基本法

规则	规则的体现	违反规则的逻辑谬误
一致性	论证对象要一致	偷换论证对象
	论题要一致	转移论题
	概念的使用要一致	偷换概念

续表

规则	规则的体现	违反规则的逻辑谬误
相关性	论据作为证明论点的依据，要与论点具备必然的相关性	诉诸情感、诉诸历史、诉诸人身、诉诸无知、诉诸权威、诉诸众人、诉诸主观
真实性	论据既然是作为证据来证明一个论点的，它就必须是已知真实的	虚假论据

必考点 29 归纳论证

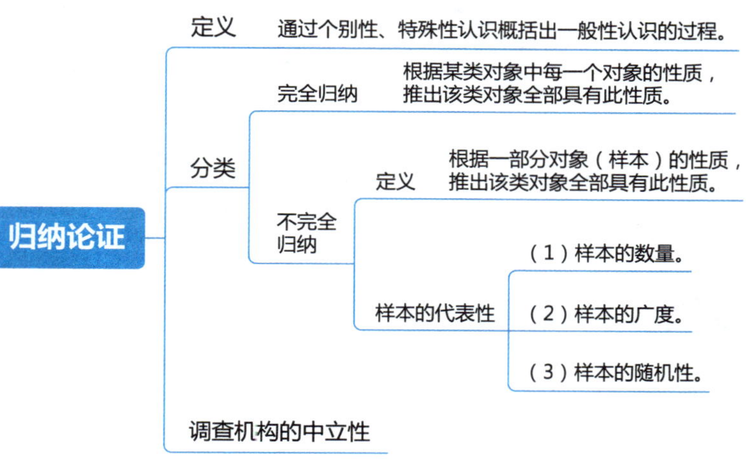

必考点 30 类比论证

类比论证

定义：根据两个或两类相关对象具有某些相似或相同的属性，从而推测他们在另外的属性上也相同或者相似。

类比的有效性：

（1）两个类比对象是否相似。

（2）前提属性与结论属性是否本质上相关。

必考点 31 演绎论证

- 演绎论证
  - 1.定义
    - 由一般到个别的论证方法，它由一般原理出发，推导出关于个别情况的结论（演绎是必然性的论证）。
  - 2.推理与论证的区别
    - （1）推理只考虑过程的正确性。
    - （2）论证则既要求过程的正确性，也要求内容的正确性。
  - 3.常见的演绎论证
    - （1）假言论证
      - A→B，A，因此B。
      - ┐A→┐B，┐A，因此┐B。
    - （2）三段论论证
      - 所有A都有性质C，B是A，所以B有性质C。
    - （3）选言论证
      - A∨B，┐A，所以B。
    - （4）反证法与归谬法
      - ①反证法
      - ②归谬法
      - ③反证法与归谬法的区别
        - 目的不同。
        - 过程不同。

必考点 32 统计论证

- 统计论证
  - 定义
    - 依据对数据的搜集、整理、分析，得出论点的过程。
  - 真题涉及的统计数据
    - 方差
    - 平均值
    - 增长率
    - 利润率
    - 占有率（占比）

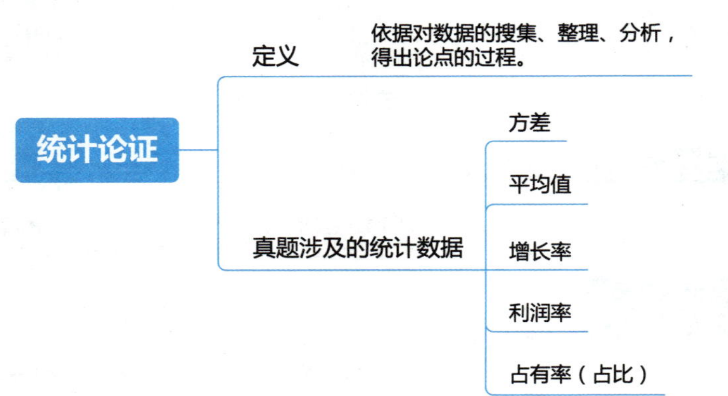

必考点33 因果关系

考点	定义	常犯的逻辑谬误
因果关系	如果一种（或一些）现象的发生，导致了另外一种（或一些）现象的发生，那么这两种（或两类）现象之间就存在因果关系。	强拉因果
前因后果	因果关系的两个现象，一定是原因先发生，结果后发生。	以先后为因果
复杂因果	因果关系未必是一对一的，有一些事件的发生，可能是多个原因共同的结果。	单因谬误
“因为”的含义	不能通过“因为”二字来断定原因，要通过“前因后果”来判断原因，即原因发生的时间在前，结果发生的时间在后，且二者存在引发关系。	/

必考点34 分析原因（溯因论证）

分类	定义	常犯的逻辑谬误
分析原因（溯因论证）	以现象（果）作为研究对象，寻找导致其产生的原因的过程，称为“溯因论证”或“执果索因”，简单地说，就是分析原因。	归因不当

必考点 35-39 求因果五法

	定义	基本结构	有效性
求同法	如果在某个现象出现的两个或两个以上的场合中，仅有一个因素是共同出现的，则这个共同因素可能与该现象存在因果关系。	第一组对象：有 A，有 B； 第二组对象：有 A，有 B； 故：A 可能是 B 的原因。	①求同法得到的是或然性的结论，结论不一定是正确的。 ②只能有一个共同因素。
求异法	如果在某个现象出现和不出现的两个场合中，只有一个因素不同，那么，这个不同的因素可能是此现象出现和不出现的原因。	① 两组对象横向对比： 第一组对象：有 A，有 B； 第二组对象：无 A，无 B； 故：A 可能是 B 的原因。 ② 同一对象在某因素出现前和出现后的纵向对比： 同一对象有因素 A 前：没有 B； 同一对象有因素 A 后：有 B； 故：A 可能是 B 的原因。	①求异法得到的是或然性的结论，结论不一定是正确的。 ②只能有一个差异因素。
求同求异共用法	如果某现象出现的各个场合（正面场合）只有一个共同的因素，而这个现象不出现的各个场合（反面场合）都没有这个共同因素，那么，这个共同的因素可能就是此现象发生的原因。		

续表

	定义	基本结构	有效性
共变法		在其他条件不变的情况下，如果一个现象发生变化，另一个现象就随之发生变化，那么，这两个现象之间可能存在因果关系。	①共变法的结论是或然性的，即共变法得到的结论未必准确。 ②因果倒置。 ③另有共因。
剩余法	如果某一复合现象已确定是由某种复合原因引起的，把其中已确认有因果关系的部分减去，那么，剩余部分也可能有因果关系。用通俗的话说，剩余法就是排除法。		

必考点 40-41 预测结果、措施目的

类型	题型特征	基本结构
预测结果	依据当前情况，对未来可能发生的情况进行预测，可以简称为预测结果。	当前情况（原因）$\xrightarrow[\text{预测}]{}$结果
措施目的	措施目的模型题目的题干结构一般为：由于某个原因，因此计划采取某个措施（方法、建议），以达到某种目的（解决某个问题）。	原因$\xrightarrow[\text{导致}]{}$措施$\xrightarrow[\text{以求}]{}$目的

续表

类型	题型特征	基本结构
措施目的与预测结果的联系与区别	（1）联系 “目的”是结果预测的一种。因此，“措施目的模型”可以看作是“预测结果模型”的一个类别。 （2）区别 ①“目的”是我们想要的结果，故一般是好的结果；但“结果”则有可能是好的也有可能是坏的。 ②“目的”的发生需要我们采取措施或付出努力，但“结果”的发生可能无需我们做任何事情。	

第2部分

8类常见逻辑谬误

第1类 概念型谬误

谬误名称	含义	示例
偷换概念	偷换概念是将两个貌似一样的概念进行代换，实际上改变了概念的修饰语、适用范围、所指对象，等等。	象是动物，所以小象是小动物。 第一个“小”指年龄小，第二个“小”是指体型小。
循环定义	下定义时，定义项中不得直接或间接地包含被定义项，否则就会犯“循环定义”的逻辑谬误。	什么是男人？男人就是不是女人的人。 什么是女人？女人就是不是男人的人。

第2类 相关型谬误

谬误名称	含义	示例
诉诸无知	人们断定一件事物正确，只是因为它未被证明是错误的；或断定一件事物错误，只是因为它未被证明是正确的；即把没有证据当作论据进行论证。	这世界有外星人存在，因为没有证据证明外星人不存在。
诉诸人身	在论证过程中，将立论或反驳的重心指向提出论点的人，而不是论点本身，因人立言或因人废言。	这个人的人品有问题，所以他说的话一定是假话。
诉诸权威	在论证过程中，以本人或他人的权威为根据来论证某一论点。	物体下落速度和重量成比例，因为伟大的哲学家亚里士多德认为物体下落速度和重量成比例。

续表

谬误名称	含义	示例
诉诸情感	在论证过程中，借助于人们的同情心等感情，以诱使人们相信其论点。	我一把屎一把尿把你拉扯大，让你上学、让你读书，你居然连研究生都不考！
诉诸众人	在论证过程中，以众人的意见、见解来进行论证，大家都认为是对的，那一定就是对的。	三个人都说市上有虎，于是听者就信以为真。
诉诸历史	错误地将一个事物的历史的长短，作为评价这个事物的标准。	瑜伽有三千年的历史，因此，瑜伽一定是好的。

第3类 矛盾与反对型谬误

谬误名称	含义	示例
自相矛盾	同时肯定两个矛盾或反对的判断或概念。	张三既是个男人，也是个女人。
模棱两不可	同时否定两个矛盾或下反对的判断或概念。	张三既不是男人，也不是女人。
非黑即白（不当二分）	误把反对关系当作矛盾关系，误认为否定一方，就肯定了另外一方，也称为非此即彼。	这个杯子的颜色不是黑色，那它一定是白色的（理解1：不是黑色不一定是白色，也可能是红、黄等其他颜色。理解2：不恰当地把颜色分成了黑色和白色两种，其实还有其他颜色）。

注意：在真题中，一般不会让我们区分自相矛盾和模棱两不可，我们可以近似地认为这两种都是自相矛盾。

第4类 论证型谬误

谬误名称	含义	示例
虚假论据	论据不真实。	康哥的头发特别浓密（实际情况是康哥头发很少），因此，康哥很帅。
形式谬误	违反了形式逻辑中所学的推理规则。	所有的聪明人都是近视眼，他近视得很厉害，所以，他一定很聪明。
论据和论点不相关	论据和论点在内容上毫无关系。	康哥头发很少，所以，他一定帅气多金。
论据不充分	论据虽然为真，但不足以推出结论。	张三和李四不和，张三一定是杀李四的凶手。
不当假设	如果论证中存在隐含假设，但隐含假设不成立，就称之为不当假设。	曹操文治武功卓越，因此，他是一代明君。 隐含假设：曹操是君主。但实际上曹操是丞相而不是君主。
循环论证	用A来证明A，就犯了“循环论证”的逻辑谬误。	因为爱，所以爱。
转移论题	①自己的论证中，没有保证论证话题的一致性。 ②反驳别人的论证时，没有保持与别人话题的一致性。	老吕：罗瑞，你的脸怎么这么大？ 罗瑞：但是我的数学课讲得很好呀。

第5类 归纳与类比型谬误

谬误名称	含义	示例
不当归纳（以偏概全）	指以一些样本去推测全体的情况时，由于样本不具备代表性而引起的逻辑谬误。	我宿舍有个山东人，酒量特别大。看来，山东人酒量都挺大。 分析：以一个山东人的情况，来代表所有山东人的情况，以偏概全。
不当类比	指在使用类比进行论证时，由于类比对象的差异导致类比不成立。	别人每晚都遛他们的宠物狗，因此，我决定今晚遛遛我养的鱼。 分析：将宠物狗需要遛，类比到鱼也需要遛，不当类比。

第6类 因果型谬误

谬误名称	含义	示例
因果倒置	误把原因当成了结果，而把结果当成了原因。	张珊：你是因为寂寞才想我。 实际情况是："你"是因为想张珊才寂寞。
强拉因果	把没有因果关系的两个事件，误认为有因果关系。	我刚打开电视机，巴西队就进球了，我真是巴西队的幸运之神。
单因谬误	如果一个结果是由多种原因造成的，但论证者误认为只有一种原因，这就犯了"单因谬误"或"忽略他因"的逻辑错误。	酱心考上了研究生，仅仅是因为她报了老吕的班（可能还有其他原因，如：酱心自己的努力）。

第7类 充分条件与必要条件混用或误用

谬误名称	含义	示例
强置充分条件	误把不充分的条件当作充分条件来使用。	如果刮风，一定会下雨。 实际情况是：刮风了也未必下雨。
强置必要条件	误把不必要的条件当作必要条件来使用。	只有考上会计硕士，才是研究生。 实际情况是：并非只有考上会计硕士才是研究生，考上其他专业的硕士同样是研究生。
混用充分必要条件	误把充分条件当成必要条件，或者误把必要条件当成充分条件。	如果下雨了，那么地上一定会湿。因此，如果地上湿了，那么肯定是下雨了。

第8类 集合体性质误用

谬误名称	含义	示例
合成谬误	误认为个体具有的性质，集体一定具有。	这支球队的每个球员都很优秀，因此，这支球队很优秀。 分析：每个球员都优秀，组成球队后也可能出现配合不好、球队反而不优秀的情况。
分解谬误	误认为集体具有的性质，个体也一定具有。	这家公司是家非常优秀的公司，所以，公司里的每个员工也是优秀的。 分析：优秀的公司里面可能也有不优秀的员工。

第3部分

82个秒杀技

3.1 形式逻辑与综合推理的命题模型（37 个秒杀技）

编号	名称	模型识别	秒杀方法
1	假言推理的三步解题法	题干中出现充分条件、必要条件、充要条件的典型关联词。	三步解题法： 第 1 步：画箭头。 第 2 步：逆否。 第 3 步：找答案。
2	六边形法秒杀对当关系题	题干特点：已知性质或模态命题的真假。 问题特点：让我们判断选项中性质或模态命题的真假。	方法一：对当关系口诀法。 方法二：六边形法。
3	假言命题的负命题	（1）题干中出现充分条件、必要条件或充分必要条件。 （2）提问方式如下： “如果题干信息为真，则以下哪项必然为假（不可能为真、不能成立）？” “以下哪项不符合题干？” “以下哪项能说明题干不成立（最能削弱/反驳题干）？”	解题公式： ①$\neg(A \to B) = A \wedge \neg B$。 ②$\neg(\neg A \to \neg B)$ $= \neg A \wedge B$。 ③$\neg(A \leftrightarrow B) = A \forall B$。
4	要点法秒杀定义题	题干出现一个事物的定义，问哪个选项符合这个定义。	第 1 步：找到题干中定义的要点，如要点较多，可将这些要点编号。 第 2 步：将选项和题干中的要点一一对应。
5	两次分类模型	题干将一个概念按照两个标准进行两次分类。	方法一：九宫格法。 方法二：大交大＞小交小。

续表

编号	名称	模型识别	秒杀方法
6	三次分类模型	题干将一个概念按照三个标准进行三次分类。	方法一：双九宫格法。 方法二：剩余法。
7	假言串联模型	（1）题干特点：题干中出现多个假言命题，这些假言命题有一个或多个重复元素，可以通过这些重复元素实现串联。 （2）选项特点：选项均为假言命题或多数为假言命题。	常规思路：四步解题法 第1步：画箭头。 第2步：串联。 第3步：逆否。 第4步：找答案。 秒杀方法：重复元素法 此类题可通过重复元素瞬间完成串联秒杀。
8	假言无串联模型	（1）题干特点：题干中出现多个假言命题，这些假言命题中没有重复元素，无法实现串联。 （2）选项特点：选项均为假言命题或多数为假言命题。	常规思路：三步解题法 第1步：画箭头。 第2步：逆否。 第3步：找答案。 秒杀方法：选项排除法 第1步：观察题干中的假言命题之间是否有重复，如果无重复，则为假言无串联模型。 第2步：直接看选项，通过选项中的关键词，找到题干中对应的假言命题，根据箭头指向原则进行选项排除。
9	事实假言模型	（1）题干特点：题干中的已知条件由事实和假言命题组成。 （2）选项特点：题干中的选项均为事实。	方法一：串联法。 第1步：画箭头，如有需要，可写出其逆否命题。 第2步：串联。 第3步：确定事实，找答案。 方法二：事实出发法。 从事实出发，根据口诀“肯前必肯后，否后必否前”可以直接推出答案。

续表

编号	名称	模型识别	秒杀方法
10	选项事实假言模型	选项特点：选项由 4 个事实 1 个假言，或 3 个事实 2 个假言构成。	此类题，带假言的选项的前件相当于给出了新的已知条件，用于推出后件。相当于，这些选项比别的选项多一个条件，故更有可能是答案。
11	假言事实模型	（1）题干特点：题干由假言命题、选言命题组成。 （2）选项特点：选项均为事实描述。	方法一：串联找矛盾法。 第 1 步：画箭头。 第 2 步：串联找矛盾。 第 3 步：推出答案。 方法二：找二难推理法。 第 1 步：找重复元素。 第 2 步：找二难推理。 第 3 步：推出答案。 以下两种条件容易出现二难推理： 情况 1：题干中有两个已知条件的前件一正一反。 情况 2：题干中有一个已知条件的前件，与另外一个已知条件的后件完全相同。
12	数量假言模型	（1）题干特点： 题干由简单的数量关系和假言命题组成。 （2）选项特点： 选项全部是事实。	第 1 步：数量关系优先算。 第 2 步：假言命题做串联。 第 3 步：易出矛盾和二难。
13	性质串联模型	题干特点：题干由全称命题和特称命题构成，并且这些命题存在重复元素，可以作为桥梁实现串联。	1.常规思路：四步解题法 第 1 步：符号化。 第 2 步：从“有的”开始做串联。 第 3 步：逆否。 第 4 步：判断选项真假。 2.秒杀方法：“有的”开头法 在性质命题的串联推理中，“有的”只能串在最开头，不可能出现在中间位置。

续表

编号	名称	模型识别	秒杀方法
14	串联矛盾模型	（1）题干特点： 题干由多个假言命题或性质命题组成，这些命题中存在重复元素，可以形成串联。 （2）提问方式： “以下哪项最能削弱/反驳题干？” “以下哪项最能说明题干不成立？” “若题干为真，则以下哪项必然为假？” “以下哪项最不符合题干？”	第1步：画箭头。 第2步：做串联。 第3步：找矛盾。
15	隐含三段论的通用方法：串联法	（1）题干特点： 题干由一个或多个前提和一个结论组成，前提和结论一般为性质命题，个别题目为假言命题。 （2）提问方式： “补充以下哪项能使题干成立？” “以下哪项是题干推理的假设？” “以下哪项最能说明上述结论不成立？”	第1步：将题干中的前提符号化。 第2步：如果有多个前提，将前提串联。 第3步：将题干中的结论符号化。 第4步：补充从前提到结论的箭头，从而得到结论。
16	隐含三段论的秒杀方法：“开心消消乐”法	已知：有的A→B，B→C。可以推出：有的A→C。	隐含三段论问题符合“词项成对出现”原则。因此，多数隐含三段论问题可以把成对的项直接消掉，余下的项用箭头串联一般就是答案。

续表

编号	名称	模型识别	秒杀方法
17	推理结构相似模型	（1）题干特点：题干中出现简单命题、假言命题等。 （2）提问方式： “以下哪项与题干推理最为类似？” “以下哪项与题干所犯的逻辑错误最为相同？”	第1步：将题干的推理结构形式化。 第2步：将选项的推理结构形式化，找和题干最为类似的选项。
18	相似归谬模型	（1）题干特点：题干中出现简单命题、假言命题等。 （2）提问方式： “以下哪项推理明显说明上述论证不成立？” “以下哪项推理作类比能说明上述推理不成立？”	这类题目，我们不仅要找到与题干推理结构相似的选项，而且这一选项的结论还必须是不成立的或者荒谬的，这样才能说明题干的推理不成立。
19	矛盾模型	（1）题干中出现几个断定，已知这些断定“N假1真”“N真1假”“N真2假”等。 （2）题干中能找到矛盾关系。	解题步骤： 第1步：找矛盾。 第2步：推真假。 第3步：推出结论。 简单命题中的矛盾关系： ①“A”与“¬A”。 ②“所有”与“有的不”。 ③“所有不”与“有的”。 ④“必然”与“可能不”。 ⑤“必然不”与“可能”。 复言命题中的矛盾关系： ①$A \to B$ 与 $A \wedge \neg B$。 ②$A \wedge B$ 与 $\neg A \vee \neg B$。 ③$A \vee B$ 与 $\neg A \wedge \neg B$。 ④$A \forall B$ 与 $A \leftrightarrow B$。

续表

编号	名称	模型识别	秒杀方法
20	“一假无矛盾”模型	（1）题干中出现几个断定，且已知这些断定“只有一假”。 （2）题干中找不到矛盾关系。	秒杀方法：找反对关系 解题步骤： 第1步：分析题干中是否有矛盾。 第2步：找反对关系。 第3步：判断其他已知条件的真假。 第4步：推出结论。 简单命题中的反对关系： ①“所有A是B”与“所有A不是B”。 ②“A必然是B”与“A必然不是B”。 复言命题中的反对关系： ①“A”与“¬A∧B”。 ②“A∧B”与“¬A∧B”。
21	“一真无矛盾”模型	（1）题干中出现几个断定，且已知这些断定“只有一真”。 （2）题干中找不到矛盾关系。	秒杀方法：找下反对关系或推理关系 解题步骤： 第1步：分析题干中是否有矛盾。 第2步：找下反对关系或推理关系。 第3步：判断其他已知条件的真假。 第4步：推出结论。 简单命题中的下反对关系： ①“有的A是B”与“有的A不是B”。 ②“A可能是B”与“A可能不是B”。 复言命题中的下反对关系： ①“A”与“¬A∨B”。 ②“A∨B”与“¬A∨B”。

续表

编号	名称	模型识别	秒杀方法
21	“一真无矛盾”模型	（1）题干中出现几个断定，且已知这些断定“只有一真”。 （2）题干中找不到矛盾关系。	简单命题中的推理关系： ①所有→某个→有的。 ②必然→事实→可能。 ③“女教师”与“教师”。 ④“$x>7$”与“$x>5$”。 ⑤所有不→某个不→有的不。 ⑥必然不→事实不→可能不。 复言命题中的推理关系： ①“A”与“A∨B”。 ②“A∧B”与“A”。 ③“A∀B”与“A∨B”。 ④“A∧B”与“A∨B”。
22	复杂对当关系的快速锁定	1.反对关系找并且 “A∧B”与“¬A∧B”为反对关系。 “A”与“¬A∧B”为反对关系。 2.下反对关系找或者 “A∨B”与“¬A∨B”为下反对关系。 “A”与“¬A∨B”为下反对关系。 3.推理关系干肢干 （1）并且推或者。 （2）要么推或者。 （3）并且真则要么假。	口诀　复杂对当关系的锁定 反对关系找并且， 下反对关系找或者， 推理关系干肢干。
23	一人多判断模型	（1）题干中有多个人，每个人都做了两个或两个以上的判断。 （2）已知每个人的判断有几真几假。	方法一：假设法。 优先选择假设法，即直接假设某一人的某个判断为真，看是否与已知条件矛盾。 方法二：选项排除法。 方法三：找对当关系法。

续表

编号	名称	模型识别	秒杀方法
24	真城假城模型	题干的已知条件中有两座城，分别是真城和假城，真城的人只说真话，假城的人只说假话。	一般使用假设法，假设某人来自真城或假城。
25	选项排除模型	（1）常见的提问方式 “以下哪项可能为真？” “以下哪项可能符合题干？” “以下哪项可以符合题干？” “以下哪项不符合题干？” （2）选项特点 选项看起来像排列组合。	选项排除法①：依次看每个条件，用条件去排除选项。 选项排除法②：依次看每个选项，看选项是否符合条件。
26	问题出发模型	题干的问题中出现事实或特殊信息。	第1步：事实/问题优先看。 第2步：重复元素是关键。
27	定量匹配模型	题干中出现两组对象，这两组对象之间存在确定数量的对应关系。	情况1：题干存在一一对应关系，但是题干的已知条件是以假言为主的，本质上考查的是串联推理，用事实假言、数量假言、假言事实等模型的方法求解。 情况2：题干中存在定量对应关系，而且已知条件中无假言或者虽然有假言但是匹配关系比较复杂的，则： （1）事实/问题优先看。 （2）重复元素是关键。 （3）两组匹配可表格。 （4）三组匹配可连线。

续表

编号	名称	模型识别	秒杀方法
28	不定量匹配模型	题干中存在匹配关系，且匹配的数量关系是不确定的。	第1步：数量匹配先计算。 第2步：事实/重复元素是关键。 第3步：数量可能有矛盾。 第4步：可用表格别连线。
29	分类匹配模型	题干特点①：题干中存在两组匹配关系。 题干特点②：其中一组元素又可进行分类。如：将人分为男、女，将食物分为水果、蔬菜。	推荐使用表格法。
30	选一模型	从题干给出的几个候选人、候选物中选出一个。	找矛盾法是解此类题的核心技巧。
31	选多模型	从题干给出的几个候选人、候选物中选出多个。	方法一：找矛盾法。 方法二：选项排除法。
32	排序模型	题干中出现大小、高低、多少、先后等关系。	方法一：不等式法。 第1步：将题干信息转化为不等式。 第2步：将能串联的不等式串联，不能串联的放一边。或者利用不等式的性质进行运算。 第3步：推出事实，判断选项的正确性。 方法二：选项排除法。

续表

编号	名称	模型识别	秒杀方法
33	排序匹配模型	（1）题干中出现身高、年龄等大小关系。 （2）题干中还涉及两组元素的匹配。如：姓名与职业匹配、姓名与国籍匹配、姓名与学历匹配等。	（1）事实/问题优先看。 （2）重复元素是关键。 （3）互斥关系是题眼。 （4）也可表格和连线。
34	相邻与不相邻模型	题干中出现相邻或不相邻关系。	（1）圆捆绑与方捆绑解相邻问题。 （2）做差法解不相邻问题。
35	东南西北模型	题干中出现东南西北的方位问题，则为东南西北模型。	（1）可以使用平面直角坐标系来表示东南西北。 （2）东南西北问题的本质是元素与位置的一一匹配关系，故可以使用一一匹配问题的解题技巧。
36	围桌而坐模型	题干中出现方桌、圆桌、六边形桌子等，即为围桌而坐问题。	（1）如果题干中没有给出桌子的图形，则需要先画出图形以帮助分析。 （2）围桌而坐问题的本质是元素与位置的一一匹配关系，故可使用一一匹配问题的解题技巧。
37	数独模型	题干特点：题干中出现由小方格组成的 N × N 矩阵，要求在这些小方格里填入一些数字或词语。	方法一：正面突破法。 观察行和列，一行或一列中已知的信息越多，未知的空格就越少，一般就是优先填写的部分。 方法二：选项排除法。 一些数独题的选项中会完整列出行、列信息，此类题可使用选项排除法。

3.2 论证逻辑的命题模型（35 个秒杀技）

编号	名称	模型识别	秒杀方法
1	拆桥搭桥模型（一致性）	（1）论证对象不一致。 （2）核心概念不一致。 （3）话题不一致。	（1）支持题、假设题：搭桥法，即指出论据与论点中的对象、概念、话题具备一致性。 （2）削弱题：拆桥法，即指出论据与论点中的对象、概念、话题有差异。
2	归纳论证模型	题干特点（1）：论据中的论证对象（a）是论点中论证对象（A）的子集。如下图所示： 对象a 对象A 题干特点（2）：论据中常出现问卷调查或者是某个人的见闻。	（1）归纳论证模型的削弱。 ①样本没有代表性（数量太少、广度不够、样本不是随机选取），即以偏概全。 ②调查机构不中立。 （2）归纳论证模型的支持/假设。 ①样本有代表性（数量多、广度大、样本随机选取）。 ②调查机构中立（力度小，调查机构中立并不能保证一个调查的准确性）。
3	类比论证模型	题干特点（1）：论据中的论证对象是 A，论点中的论证对象是 B。二者之间存在一定的相似性，但并不相同。如下图所示： 对象A → 对象B	（1）类比论证模型的削弱 类比对象有差异，这种差异影响了类比的成立性（可认为是拆桥法）。 （2）类比论证模型的支持/假设 类比对象本质上相似或一致（可认为是搭桥法）。

续表

编号	名称	模型识别	秒杀方法
3	类比论证模型	题干特点（2）：题干中常出现以下类比形式： 类比 不同对象的类比：如："动物"类比到"人"。如："动物"类比到"组织"。如：不同人之间的类比。 不同时间的类比：如："过去"类比到"现在"。如："过去"类比到"未来"。 不同地域的类比：如："国外"类比到"国内"。如："城市"类比到"农村"。	（1）类比论证模型的削弱 类比对象有差异，这种差异影响了类比的成立性（可认为是拆桥法）。 （2）类比论证模型的支持/假设 类比对象本质上相似或一致（可认为是搭桥法）。
4	演绎论证模型	题干特点：论据是一般性的，即论证对象是某类对象的全体A；论点是个别性的，即论证对象是此类对象中的个体a；后者是前者的子集。如下图所示： 论据：大A（论点：小a）	无论是削弱、支持、还是假设题，用箭头表示出题干的信息，一般可以直接看出答案。
5	选言论证模型	题干特点：论据中一般会出现两种可能A或B，通过排除一种来肯定另外一种。	使用以下公式解题： A∨B，¬A，所以B。
6	收入利润模型	题干中出现收入、利润、成本等字样。	使用以下公式解题： 总收入=单位收入×总数量。 利润=收入（销售总额）-成本。 $利润率=\frac{利润}{成本}\times100\%$ $=\frac{收入-成本}{成本}\times100\%$。

续表

编号	名称	模型识别	秒杀方法
7	数量比率模型	命题情况（1）：题干论据中出现数量，论点中直接做出断定；则此题为数量断定模型。 命题情况（2）：题干论据中出现比率，论点中直接做出断定；则此题为比率断定模型。 命题情况（3）：题干中出现比率，但不符合以上两种情况，则统称为数量比率模型。	（1）数量断定模型：本来应该用比率来做出断定，但题干误用数量做出了断定。可写出这一比率，分析这一比率的分子分母。 （2）比率断定模型： ①误用比率，即应该用比率A时，用了比率B； ②应该用数量，而误用了比率。 （3）题干出现比率或数量，但不易判定模型时，可一律列出题干中的比率或数量公式，根据公式解题即可。
8	其他数量模型	（1）平均值模型：题干出现平均值。 （2）增长率模型：题干出现增长率。 （3）其他数量关系模型：题干出现其他数量关系。	（1）平均值模型 ①平均值不能代表每个个体的值。 ②个体值无法说明平均值。 （2）增长率模型 根据公式：现值＝原值×（1＋增长率）^{n}。 （3）其他数量关系模型 优先列出数量关系，再进行解题。

续表

编号	名称	模型识别	秒杀方法
9	人丑模型	题干结构（1）：背景介绍+但是+论据论点。 题干结构（2）：他人的观点+对这一观点的否定+否定理由。	题干结构（1）：直接锁定“但是”后面的部分。 题干结构（2）：重点是对他人观点的否定。
10	双断定模型	题干特点：论点中出现两个断定，有些题甚至会出现多个断定。	此模型主要在支持题中考查，方法有两种： 秒杀方法（1）：对题干的断定进行全面支持，即同时支持题干中的两种断定。 秒杀方法（2）：分析题干中的论据在支持哪个断定，用正确的选项来支持题干中缺少论据的断定。
11	绝对化结论模型	题干特点：题干论点中出现绝对化的断定。例如：“必须”“只有……才……”“如果……那么……”等。	此模型主要在削弱题中考查。这类模型本质上考查的是形式逻辑中的矛盾命题，用形式逻辑的思维解题即可。
12	争论焦点模型	题干特点：题干出现两个人的争论。 题干的提问方式为： “以下哪项最为恰当地概括了上述争论的问题？” “以下哪项是上述争论的焦点？”	争论焦点模型的四大解题原则： （1）双方表态原则。 （2）差异原则。 （3）论点优先原则。 （4）举例部分无焦点原则。

续表

<table>
<tr><th>编号</th><th>名称</th><th>模型识别</th><th>秒杀方法</th></tr>
<tr><td>13</td><td>现象原因模型的削弱</td><td rowspan="3">题干结构（1）：摆现象、析原因。
题干先摆出一个现象，然后分析这一现象的原因。此时题干中的结论提示词（如“因此”“所以”“这说明”）可替换成“这是因为”或“其原因是”。
题干结构（2）：前因后果。
题干直接出现某原因“导致了”“引发了”“引起了”“造成了”某结果。</td><td>削弱方法：
1.因果倒置（力度大）。
2.因果无关（力度大）。
3.否因削弱（力度大）。
4.另有他因（力度取决于选项中的原因与题干中的原因的排他性）。
5.有因无果（力度取决于选项中的对象与题干中对象的相似性）。
6.无因有果（力度取决于选项中的对象与题干中对象的相似性）。</td></tr>
<tr><td>14</td><td>现象原因模型的支持</td><td>支持方法：
1.因果相关（力度大）。
2.排除他因（力度大小取决于是否将所有其他可能的原因全部排除）。
3.排除因果倒置（力度其实不大）。
4.无因无果，即：对照组（力度取决于选项中的对象与题干中对象的相似性。）</td></tr>
<tr><td>15</td><td>现象原因模型的假设</td><td>假设方法：
1.因果相关。
2.排除他因。
3.排除因果倒置。
4.无因无果（一般不选，除非题干的结论是：某结果的出现一定是因为某原因）。</td></tr>
</table>

续表

编号	名称	模型识别	秒杀方法
16	求异法模型	题干通过两组对比、前后对比，继而得出一个因果关系。	1.论证对象： （1）削弱 拆桥法：论证对象有差异。 （2）支持/假设 搭桥法：论证对象具备相似性。 2.样本 （1）削弱：样本没有代表性。 （2）支持/假设：样本有代表性。 3.中立性 （1）削弱：不中立。 （2）支持/假设：中立。 4.差异因素 （1）削弱：另有差因。 （2）支持/假设：排除他因。 5.因果关系 （1）削弱：同现象原因模型。 （2）支持/假设：同现象原因模型。
17	无因无果与设计对比实验	1. 无因无果 题干中出现某个原因 A 导致结果 B。 2. 设计对比实验 题干中给出一组因果关系，要求我们去支持或评价这组因果关系的成立性时，选项中常出现完整的对比实验。	1. 无因无果 选项中出现无因无果/无因有果，此时，选项与题干形成对比实验。 2. 设计对比实验 要保证题干中的差异因素是实验中的唯一变量。

续表

编号	名称	模型识别	秒杀方法
18	百分比对比模型	论据特点：论据中有百分比。 论点特点：论点中直接给出明确的因果关系或者分析原因。 选项特点：选项中也有百分比。	这类题目的本质是求异法。 （1）将选项作为对照组和题干组进行比较时，若百分比有差距，则支持题干（差比支持）。 （2）将选项作为对照组和题干组进行比较时，若百分比差不多，则支持题干（同比削弱）。 （3）将选项作为对照组和题干组进行比较时，发现题干组反过来与对照组有差距，也削弱题干（反向差比也削弱）。
19	共变法模型	题干结构（1）：共生现象找因果。 题干指出两个现象同时发生，就说明这两个现象之间有因果关系。 题干结构（2）：共变现象找因果。 题干指出两个现象之间存在共变（常用关联词：越……越……），就说明这两个现象之间有因果关系。 题干结构（3）：三组现象找因果。 题干中存在三组对象的对比实验，观察这三组对象中是否存在共变因素，从而确定因果关系。	1.因果倒置 （1）削弱：因果倒置。 （2）支持/假设：排除因果倒置的可能。 2.存在共因 （1）削弱：存在共因。 （2）支持/假设：一般不从这个角度命题。 3.另有他因 （1）削弱：另有他因。 （2）支持/假设：排除他因。 4.因果关系 （1）削弱：同现象原因模型。 （2）支持/假设：同现象原因模型。

续表

编号	名称	模型识别	秒杀方法
20	剩余法模型	题干结构（1）：某现象有两个可能的原因，排除了原因A，证明是原因B。 题干结构（2）：排除了某现象的已知原因，说明还存在其他原因。	剩余法其实就是排除法在因果关系中的应用，利用排除法的原理秒杀即可。
21	预测结果模型	题干中出现“将会”“会”“未来会”“会导致”“一定能”“要”等表示对未来结果断定的词汇。	削弱：给出理由，说明结果预测错误。 支持：给出理由，说明结果预测正确。
22	措施目的模型的削弱	题干特点（1）：题干中出现“为了”“能”“可以”“以求”等表示目的的词汇。 题干特点（2）：题干中出现“计划”“建议”“方法”等表达措施的内容。	削弱方法： 1.措施不可行（力度大）。 2.措施达不到目的（力度大）。 3.措施弊大于利（力度大）。 4.措施有副作用（力度小）。 5.削弱因果（参考现象原因模型的削弱）。
23	措施目的模型的支持		支持方法： 1.措施可行（力度较小）。 2.措施可以达到目的（力度大）。 3.措施利大于弊（力度大）。 4.措施没有副作用（力度非常小）。 5.措施有必要（力度大）。
24	措施目的模型的假设		假设方法： 1.措施可行（必须假设）。 2.措施可以达到目的（必须假设）。 3.措施利大于弊（必须假设）。 4.措施没有副作用（不必假设）。 5.措施有必要（必须假设）。

续表

<table>
<tr><th>编号</th><th>名称</th><th>模型识别</th><th>秒杀方法</th></tr>
<tr><td>25</td><td>逻辑漏洞题</td><td>题干中出现以下提问方式时，考查的是逻辑漏洞模型：
“以下哪项最为恰当地指出了上述论证中存在的漏洞？”</td><td>这种题型没有特别的解题方法，考查的就是逻辑谬误基础知识的熟练度。熟练掌握基础知识，从而识别出题干中的逻辑漏洞即可。</td></tr>
<tr><td>26</td><td>削弱支持题的干扰项破解</td><td colspan="2" rowspan="3">内容详见本手册第6部分27个论证逻辑干扰项。</td></tr>
<tr><td>27</td><td>假设题的干扰项破解</td></tr>
<tr><td>28</td><td>推论题的干扰项破解</td></tr>
<tr><td rowspan="6">29</td><td rowspan="6">削弱题技巧总结</td><td rowspan="6">普通论证</td><td>指出论据不成立（虚假论据）【力度大】</td></tr>
<tr><td>提出反面论据【取决于反面论据的具体内容】</td></tr>
<tr><td>削弱隐含假设【力度大】</td></tr>
<tr><td>拆桥法【力度大】</td></tr>
<tr><td>直接反驳题干观点【力度大】</td></tr>
<tr><td>举反例【如果题干论点是一个一般性结论，削弱力度很大；但如果题干论点不是一般性结论，则举反例的削弱力度较小】</td></tr>
</table>

续表

编号	名称	模型识别	秒杀方法
29	削弱题技巧总结	归纳论证	样本没有代表性【力度大】
			调查机构不中立【不如样本没有代表性力度大】
		类比论证	类比对象有差异【取决于这种差异是不是本质性差异】
		演绎论证	用形式逻辑的思路，找题干的矛盾命题【力度大】
		统计论证	列出题干中的公式，根据公式进行解题【符合公式的力度大】
		溯因论证	因果倒置【力度大】
			因果无关【力度大】
			否因削弱【力度大】
			另有他因【力度取决于选项中的原因与题干中的原因的排他性】
			有因无果【力度取决于选项中的对象与题干中对象的相似性】
			无因有果【力度取决于选项中的对象与题干中对象的相似性】

续表

编号	名称	模型识别	秒杀方法
29	削弱题技巧总结	求异法模型	另有其他差异因素（其他方法与溯因论证重复，不赘述）【力度取决于这种差异因素是否影响实验结果】
		共变法模型	共因削弱（其他方法与溯因论证重复，不赘述）【力度大】
		预测结果	给出结果不会发生的理由【力度取决于选项的具体内容】
		措施目的	措施不可行【力度大】
			措施达不到目的【力度大】
			措施弊大于利【力度大】
			措施有副作用【力度小，因为再好的措施也是有一定的代价的】
30	支持题技巧总结	普通论证	支持题干中的论据【力度小】
			补充新论据【取决于新论据的具体内容】
			补充隐含假设【必要假设的力度小于充分性论据】
			搭桥法【力度大】
			直接支持题干观点【力度大】
			例证法【力度小】

续表

编号	名称	模型识别	秒杀方法
30	支持题技巧总结	归纳论证	样本有代表性【力度大】
			调查机构中立【力度小】
		类比论证	类比对象有相似性【力度大】
		演绎论证	用形式逻辑的思路，补充题干中的箭头【力度大】
		统计论证	列出题干中的公式，根据公式进行解题【符合公式的力度大】
		溯因论证	排除因果倒置【力度并不大，但一般可以选】
			因果相关【力度大】
			排除他因【力度取决于他因是否排除完全】
			无因无果【力度取决于选项中的对象与题干中对象的相似性】
		求异法模型	排除其他差异因素（其他方法与溯因论证重复，不赘述）【力度大】
			在选项中构造对比实验【力度大】
		措施目的	措施可行【力度小】
			措施可达到目的【力度大】
			措施利大于弊【力度大】
			措施没有副作用【力度小】

续表

编号	名称	模型识别	秒杀方法
31	假设题技巧总结	普通论证	搭桥法【假设题最常用的方法】
			取非法【否定的正确选项会使题干不成立。这种方法称为取非法】
			红花词法【假设题中，出现“至少”“至少会有”时，容易是答案】
		归纳论证	样本有代表性【必须假设】
		类比论证	类比对象有相似性【可认为是搭桥法】
		演绎论证	用形式逻辑的思路，补充题干中的箭头【常考三段论】
		统计论证	列出题干中的公式，根据公式进行解题【符合公式的一般是假设】
		溯因论证（分析原因）	排除因果倒置【必须假设】
			因果相关【必须假设】
			排除他因【必须假设】
			无因无果【若题干为：事件B发生一定是因为原因A，则可选。否则，无因无果不必假设】
		求异法模型	排除其他差异因素（其他方法与溯因论证重复，不赘述）【必须假设】

续表

编号	名称	模型识别	秒杀方法
31	假设题技巧总结	预测结果	指出结果确实会发生【必须假设】
		措施目的	措施可行【必须假设】
			措施可达到目的【必须假设】
			措施利大于弊【必须假设】
			措施没有副作用【不必假设】
32	解释题技巧总结	题干的提问方式为： “以下哪项如果为真，最有助于解释上述表面上的矛盾现象？” “以下哪项如果为真，最有助于解释上述现象？” “以下哪项如果为真，最有助于解释上述差异？”	（1）解释差异。 找差异，即，找到两个对象之间的差异点，这个差异点会导致题干中结果的差异。 （2）解释矛盾。 找到题干的矛盾点在哪里，正确的选项可以化解这个矛盾。 （3）解释现象。 找到题干中现象的原因。
33	推论题技巧总结	（1）概括论点题。 题干的提问方式为： “以下哪项如果为真，最能概括题干所要表达的结论？” （2）普通推论题。 题干的提问方式为： “如果上述断定为真，则以下哪项断定必然为真？” “如果上述断定为真，最能推出以下哪项结论？” “如果上述断定为真，最能支持以下哪项结论？”	（1）概括论点题。 分析题干的论证结构，找到题干的论点即可。 （2）普通推论题。 普通推论题与形式逻辑中的推理题以及综合推理题的提问方式是相同的。因此： 情况1：题干中有诸如“如果……那么……”“只有……才……”等逻辑关联词，此题为推理题应用形式逻辑的相关模型解题。 情况2：题干中没有以上逻辑关联词，则用论证、因果等相关知识解题。

续表

编号	名称	模型识别	秒杀方法
34	评价题（关键问题）的解法	提问方式： “回答以下哪个问题对评价以上陈述最有帮助？” “了解以下哪项，对评价上述论证最为重要？”	此类题就是要求我们找到一个关键问题，这一关键问题的回答会直接影响到题干论证的成立性。即，对这个问题做正面回答，可以使题干成立；对这个问题做反面回答，可以使题干不成立。 常用秒杀技 64 中的“设计对比实验”法。
35	结构相似题的解法	提问方式： “上述论证方式和以下哪项最为类似？” “以下哪项论证中出现的逻辑错误与题干中出现的类似？”	①找到题干中的论证方法或逻辑错误。 ②选出一个和题干中的论证方法或逻辑错误最为相似的选项。

3.3 其他公式与方法（10 个秒杀技）

编号	名称	公式/方法
1	“除非否则”的三种句式	（1）除非 A，否则 B。 去“除”去“否”，箭头右划。 故：“除非 A，否则 B”=“$\neg A \to B$”。 （2）A，否则 B。 加“非”去“否”，箭头右划。 故：“A，否则 B”=“$\neg A \to B$”。 （3）B，除非 A。 “除”字去掉，箭头反划。 故：“B，除非 A”=“$\neg A \to B$”。

续表

编号	名称	公式/方法
2	箭头与或者的互换公式	（1）或者变箭头（“∨”变“→”）。 (A∨B)=(¬A→B)=(¬B→A) （2）箭头变或者（“→”变“∨”）。 （A→B）=（¬A∨B）
3	不相容选言命题与排除法的使用	A∀B的含义是发生且仅发生一个。 故，若已知A∀B为真，根据排除法，则可推出： 如果A，则¬B。 如果B，则¬A。 如果¬A，则B。 如果¬B，则A。
4	箭摩根公式	A→B∧C，等价于：¬（B∧C）→¬A，等价于：¬B∨¬C→¬A。 A→B∨C，等价于：¬（B∨C）→¬A，等价于：¬B∧¬C→¬A。 A∧B→C，等价于：¬C→¬（A∧B），等价于：¬C→¬A∨¬B。 A∨B→C，等价于：¬C→¬（A∨B），等价于：¬C→¬A∧¬B。
5	多重假言命题	（1）如果A，那么B，除非C。 符号化为：¬C→（A→B）。 等价于：¬C→（¬A∨B）。 等价于：C∨（¬A∨B）。 等价于：C∨¬A∨B。 等价于：¬（C∨¬A）→B。 等价于：¬C∧A→B。 （2）只有A，才B，否则C。 符号化为：¬（B→A）→C。 等价于：¬（¬B∨A）→C。 等价于：B∧¬A→C。

续表

编号	名称	公式/方法
6	“都”的含义	①当“所有”和“都”连用时，“都”其实是个语气助词。 ②当“都”独立使用时，“都”等价于“所有”。
7	简单负命题模型	“并非”+命题A，等价于去掉前面的“并非”，再将命题A进行如下变化： 肯定变否定，否定变肯定。 所有变有的，有的变所有。 必然变可能，可能变必然。 并且变或者，或者变并且。 易错点：上述口诀中的肯定和否定，指的是对谓语动词的肯定和否定。
8	双A串联公式	1.“所有”推“有的”公式 所有A是B，可推出：有的A是B。从而得到：有的B是A。 2.双A串联公式 已知：①A是B（A→B），②A是C（A→C）。 ①可推出：有的A是B，等价于：有的B是A，可与②串联得：有的B→A→C。 ②可推出：有的A是C，等价于：有的C是A，可与①串联得：有的C→A→B。

续表

编号	名称	公式/方法
9	快速读题的技巧	第 1 步　读问题。 （1）提问对象是什么。 （2）题型是什么（削弱、支持、假设、解释等）。 （3）有无“除了哪项外”“最不能削弱/支持”等特殊提问方式。 第 2 步　读结构。 （1）通过论证标志词，快速锁定题干的论证结构。 （2）无论证标志词，则通过内容判断论据和论点。论据一般为“事实描述”，论点一般为“有所断定”。 （3）背景介绍可以快速浏览甚至略过不读。 第 3 步　读论证对象与核心概念。 判断论据的论证对象、核心概念与论点的论证对象、核心概念是否一致。 第 4 步　判断命题模型。 有明显的命题模型：用命题模型迅速锁定正确选项。 没有明显的命题模型：直接分析选项。 第 5 步　选项分析。 与题干的论证不相关的选项，可迅速排除。
10	无关选项的排除（相关性）	论据与论点必须具备相关性。因此，在论证逻辑题中，要用选项去支持、削弱、解释题干，那么正确的选项也应该与题干具备相关性。

第4部分

15个形式逻辑易错点

易错点 1 假言命题与事实的关系

情况	已知条件		结论
情况 1	已知假言命题	已知“A→B”	事件 A 发生了吗？ 事件 B 发生了吗？ 仅凭假言命题并不能作出断定。
情况 2	已知假言命题与事实	已知“A→B”且已知“A”为真	“B”为真
情况 3	已知事实	已知“¬ A”为真	“A→B”为真
		已知“B”为真	“A→B”为真
		已知“A∧¬ B”	“A→B”为假

情况 3 的总结：

（1）已知一个假言命题的前件为假，则这个假言命题必为真（前件假，则假言真）。

（2）已知一个假言命题的后件为真，则这个假言命题必为真（后件真，则假言真）。

（3）已知一个假言命题的前件真且后件假，则这个假言命题为假。

易错点 2 充分条件与必要条件的关系

原命题	充分必要条件位置互换
A→B（A 是 B 的充分条件）	¬ B→¬ A（B 是 A 的必要条件）
¬ A→¬ B（A 是 B 的必要条件）	B→A（B 是 A 的充分条件）

易错点 3 多充分条件与多必要条件

情况	类型	已知条件	结论
情况 1	多充分条件	A→C。 B→C。	A∨B→C。
		A∨B→C。	A→C。 B→C。
情况 2	多必要条件	¬A→¬C。 ¬B→¬C。	¬A∨¬B→¬C。
		¬A∨¬B→¬C。	¬A→¬C。 ¬B→¬C。

易错点 4 要么、或者与箭头的关系

情况	类型	已知条件	可能出现的情况
情况 1	假言命题	¬A→B	¬A，B
			A，¬B
			A，B
情况 2	相容选言	A∨B	¬A，B
			A，¬B
			A，B
情况 3	不相容选言	A∀B	¬A，B
			A，¬B

要么、或者与箭头的关系：

（1）由上述可能出现的情况可知，¬A→B 与 A∨B 的情况完全一样，二者等价。

（2）A∀B 可以推出¬A→B，但前者有两种情况，而后者有三种情况，二者不等价。

易错点 5 “不是 A，就是 B”的含义

原命题	等价 1	等价 2	等价 3
不是 A，就是 B	如果不是 A，那么就是 B	¬ A→B	¬ B→A
若已知 A 发生，则 B 可能发生也可能不发生。也就是说 A、B 有同时发生的可能性。可见，A 与 B 是相容的，¬ A→B 等价于 A∨B，而不等价于 A∀B。			

易错点 6 大嘴鲈鱼陷阱

情况	类型	已知条件	结论
情况 1	大嘴鲈鱼陷阱（1）	A→B∨C A	B∨C
情况 2	大嘴鲈鱼陷阱（2）	A→B∧C	等价于：¬（B∧C）→¬ A 等价于：¬ B∨¬ C→¬ A 故由¬ A 推不出结论。
		A→B∨C	等价于：¬（B∨C）→¬ A 等价于：¬ B∧¬ C→¬ A 故由¬ A 推不出结论。

易错点 7 “A→B”与“A→¬ B”矛盾吗

情况	类型	关系
情况 1	“A→B”与“A∧¬ B”	矛盾
情况 2	“A→B”与“A→¬ B”	下反对关系

续表

情况	类型	关系
证明情况 2: ① (A→B) = (¬ A∨B), ② (A→¬ B) = (¬ A∨¬ B)。 若“B”为真，则①为真。 若“¬ B”为真，则②为真。 若“¬ A”为真，则①、②均为真。 故可知，①、②至少一真，为下反对关系。 综上所述：“A→B”与“A→¬ B”为下反对关系。		

易错点 8 “多形容词”陷阱

原判断	含义
高高的瘦瘦的男人	高高的 ∧ 瘦瘦的 ∧ 是男的
多个形容词可表达联言命题的含义。	

易错点 9 相似概念陷阱

相似概念陷阱
在推理题中，真题常把两个相似的概念混用，以此来设置命题陷阱。

易错点 10 事实与必然

事实与必然
事实上发生的事情，不等于必然发生。
例如： 扔一枚硬币，落下来后发现正面向上，无法推出“正面向上必然发生”。 通过简单的数学知识，我们知道，扔一枚硬币落下来正面向上的概率是 $P=\frac{1}{2}$，而不是 1。 可见，“事实”可以推出“可能”，但不能推出“必然”。

易错点 11 负命题中的易错句式

易错点	含义
双重否定表示肯定	若出现连续两个否定词可直接约掉，后面的命题不用变。
奇变偶不变	若出现两个否定词中间还有其他内容，则通过替换法口诀替换两个否定词中间的“所有”“有的”“必然”“可能”等关键词，并且第二个否定词后的内容不变。这种规律可以总结为“奇变偶不变”。
“未必都”的含义	未必都是=并非必然都是=可能有的不是。
没有A是B	“没”是一个否定词，故该句为“否定词+简单命题”；“有”即为“有的”，再根据简单命题的替换口诀“有的变所有”“肯定变否定”可得：所有的A不是B。

易错点 12 负命题中宾语的量词

负命题中宾语的量词
量词“所有”和“有的”应该修饰主语，当量词修饰的是宾语时，量词仅作宾语的形容词，不属于句子的主干，这个时候，替换法口诀不见得适用。可以将此句子（或分句）变成被动句，这时宾语将变成主语，再使用替换法口诀。

易错点 13 主动句与被动句

句式	方法
主动句变换为被动句	把原主语调作为宾语，把原宾语调作为主语，之间加介词“被”，原谓语动词置后不变。
被动句变换为主动句	把原主语调作为宾语，把原宾语调作为主语，之间删去介词“被”，原谓语动词置于主语后不变。

易错点14 有的A不是B

句式	等价变换	注意事项
“有的A不是B”	等价于：有的A是非B； 可互换为：有的非B是A。 符号化为：有的A→¬B； 可互换为：有的¬B→A。	（1）“有的A是B”无法推出“有的A不是B”。 （2）“有的A不是B”也无法推出“有的A是B”。

易错点15 “大部分”陷阱

“大部分”陷阱
1. “大部分”可以推出“有的”，但二者不等价。 小部分、绝大部分、许多、很少一部分、全部A是B，都可以推出“有的A是B”为真，但它们之间并不等价。 2.两个“大部分”有交集吗? 情况（1）：A和B同时占集合C的大部分，则A、B有交集。 情况（2）：A占集合C的大部分，B占集合D的大部分，则A、B不一定有交集。

第5部分

8个综合推理重难点

重难点 1 “箭摩根”式条件

情况	类型	已知条件	结论
情况 1	$A \to B \wedge C$	$A \to B \wedge C$	$A \to B$ $A \to C$ $A \to B \vee C$
		$A \to B$ $A \to C$	$A \to B \wedge C$
情况 2	$A \to B \vee C$	$A \to B \vee C$	$A \wedge \neg B \to C$
		$A \to B \vee C$ $A \to \neg B$	$A \to C$
		$A \to B \vee C$ $A \to \neg C$	$A \to B$
情况 3	$A \wedge B \to C$	当 A 与 B 都发生时，可以推出 C 发生。 仅发生 A 或仅发生 B 时，C 真假不定。	
情况 4	$A \vee B \to C$	$A \vee B \to C$	$A \to C$ $B \to C$ $A \wedge B \to C$

重难点 2 “至多至少”式条件

命题	发生事件的个数	符号化	矛盾命题
A、B 至少 发生一个	$\geqslant 1$ 即：1 或 2	$A \vee B$	<1，即发生 0 个 即：$\neg A \wedge \neg B$
A、B 至多 发生一个	$\leqslant 1$ 即：0 或 1	$\neg A \vee \neg B$	>1，即发生 2 个 即：$A \wedge B$

续表

命题	发生事件的个数	符号化	矛盾命题
A、B、C至少发生一个	≥1 即：1或2或3	A∨B∨C	<1，即发生0个 即：¬A∧¬B∧¬C
A、B、C至少发生两个	≥2 即：2或3	无	<2，即发生0个或1个 即：A、B、C至多发生一个
A、B、C至多发生一个	≤1 即：0或1	无	>1，即发生2个或3个 即：A、B、C至少发生两个
A、B、C至多发生两个	≤2 即：0或1或2	¬A∨¬B∨¬C	>2，即发生3个 即：A∧B∧C
A、B、C至少一个没发生	≤2 即：0或1或2	¬A∨¬B∨¬C	>2，即发生3个 即：A∧B∧C

重难点3 “假言中暗含事实”式条件

暗含信息	含义
否定假言	张：如果A，那么B。 王：如果A，那么C。 李：如果¬B，那么D。 除张以外，其他人的意见均得到满足。 【分析】 由“除张以外，其他人的意见均得到满足”可知，张的话为假，故可得“A∧¬B”为真。
假言中暗含矛盾	例如由A推出了矛盾，说明A不成立。

重难点 4 “互斥”式条件

互斥条件	示例
两个条件之间形成互斥	条件①：张珊打过三场比赛。 条件②：南京人仅打过两场比赛。 可得：张珊不是南京人。
A 是 B 就不是 C	若张珊是南京人（A 是 B），则张珊肯定不是北京人（A 不是 C）。
同一个条件内部两两互斥	张珊、南京人、作家一起吃过饭。若已知条件中家乡、职业都是唯一的，则说明张珊、南京人、作家两两互斥，可推出三个事实：张珊不是南京人、张珊不是作家、南京人不是作家。

重难点 5 “半事实”条件

名称	识别方法	分析结果
“半事实”条件	如果一个条件不能直接确定事实，但这一条件涉及的情况较少，可认为这一条件是“半事实”条件，根据这一条件进行分类讨论。	经过分情况讨论后，一般会出现两种结果。 第 1 种：其中一种情况与已知条件矛盾；另外一种情况符合条件，是答案。 第 2 种：两种情况推出相同的结论，则这一结论即为答案（二难推理）。

重难点6 其他偶考条件

条件类型	题型特点	解析方法
日期、星期、时间等条件	时间、日期、星期、数字间可能存在周期性规律或典型特征。	根据条件进行选项排除，也可根据这些规律进行正向推理。
其他数量条件	题干会出现如不同数字的积、差、和、商等明显的数量关系或者数量间的比较。	尽量使用数学方法，列出公式来解题。

重难点7 综合推理的模型优先级

序号	必考点	常见模型
1	串联推理的必考模型	①事实假言模型。 ②假言事实模型。 ③数量假言模型。 ④选项事实假言模型。
2	综合推理的必考题型	⑤匹配题。 ⑥选人问题。 ⑦方位问题。
3	常见模型的组合方式	方式1：既是“事实假言模型”又是“匹配题”。 方式2：既是“假言事实模型”又是“匹配题”。 方式3：既是“数量假言模型”又是“匹配题”。 方式4：既是“数量假言模型”又是“选人问题”。 方式5：既是“选项事实假言模型”又是“方位问题”。
4	模型的优先级	（1）任何情况下，已知条件中有事实的模型优先考虑，如事实假言模型、选项事实假言模型。 （2）若题干既有“串联推理”的模型，又有“综合推理”的模型，则优先认定前者。即，模型的优先级：串联推理>综合推理。

重难点8 综合推理的条件优先级

序号	常见条件类型	示例
1	确定事实	例如：张三是南京人。
2	题干问题	看题干问题中是否出现确定事实、特殊元素、选项排除法式提问等。
3	数量关系（定量、不定量、至多至少）	定量：是指题干中的数量关系是确定的，例如：每人选择两个菜品。 不定量：是指题干中的数量关系不确定，例如：每人选择两到三个菜品、将6个人分进4个组。 至多至少：6个人中至少入选3人。
4	"半事实"条件	"半事实"条件指的是这个条件虽然不是确定事实，但情况也不多。例如：小张是北京人或者济南人。
5	假言条件	当综合推理题中出现多个假言命题作为条件时，看有没有重复元素，若有，则优先考虑串联。当综合推理题中仅出现一个假言命题时，常有两种解题方式：若能确定后件为假，则可推出前件为假；找假言命题的矛盾命题。
6	互斥条件	例如：张三和作家一起吃过饭。
7	其他特殊条件	例如：相邻、间隔、相对等。
8	一般条件	无

综合推理条件优先级口诀

事实问题优先看，数量不定先计算。

半事实条件可分类，重复元素是关键。

题干如果多假言，就要优先做串联。

题干只有一假言，否后或者找矛盾。

特殊条件优先看，其他条件放后边。

第6部分

27个论证逻辑干扰项

类型	名称	含义	示例
论证对象类	1.偷换论证对象	选项中的论证对象与题干中的论证对象不一致。	题干：中学生加强锻炼有助身体健康。 选项：中老年人如果加强锻炼，能够全方位发展。
	2.偷换概念或转移论题	选项讨论的概念/话题与题干讨论的概念/话题不一致。	题干：注射疫苗可以预防感冒。 选项：注射疫苗不能治疗感冒。
比较比例类	3.无关新比较	选项中出现与题干无关的新比较，是无关选项。它常有两种表现形式： 1.题干中无比较，选项进行了比较。 2.题干中有比较，选项中进行了另外一个比较。	例①： 题干：老吕很帅。 选项：老吕不如于宴帅。 （题干无比较，选项有比较。） 例②： 题干：老吕的头发比康哥多。 选项：老吕的英语不如康哥好。 （选项比较的内容与题干比较的内容不一致。）
	4.无关新比例	题干中出现比例A，选项中出现比例B，但这两种比例没有关系。	题干：西京市的肺癌发病率为5%。可见，西京市的肺癌防治工作做得不够好。 选项：西京市肺癌患者占全国总患者数的比例并不高。 分析：题干分析的是西京市的情况，与其肺癌患者占全国的比例没有关系。

续表

类型	名称	含义	示例
原因类	5.无效他因	当题干中分析一个现象的原因时，我们可以用“另有他因”来进行削弱。但是题干没有分析现象的原因时，则对原因分析的选项为无关选项。	题干：爱笑的老人对自我健康状态的评价往往较高，因此，爱笑的老人更健康。 选项：良好的医疗条件使得老年更乐观。 选项分析：该项指出了“老年人生活更乐观”的原因，但题干不涉及对原因的分析，该项实则为无关选项。
	6.无效差因	对比实验要求“只能有一个差异因素影响实验结果”，不代表实验对象完全相同。实验对象之间的一些对实验结果无影响或影响很小的差异因素，可称为无效差因，不能削弱题干或削弱力度很小，常用作干扰项。	例如： 我和康哥发量的差别，并不会引起我们教学质量的差别。因此，发量差别是一个无效差因。
诉诸类	7.诉诸情感	试图用情感而不是逻辑来说服别人，这是不恰当的。	例如： 陪我去逛街吧！如果你宁愿去上自习也不陪我逛街，我会有多伤心你知道吗?

续表

类型	名称	含义	示例
诉诸类	8.诉诸无知	把没有证据当作削弱或支持一个观点的理由，就犯了“诉诸无知”的逻辑谬误。	常见的句式有：尚不明确、有待研究、尚待确定、还需讨论等。 注意：“心理学尚无法确定酱油为什么暗恋酱心”，在这句话中，“酱油暗恋酱心”是确定的，心理学不能确定的是“酱油暗恋酱心的原因”。
	9.诉诸人身	质疑对方的人格、处境、地位，而不是用逻辑来质疑对方，可以理解为我们日常生活中诉说的“人身攻击”。	例如： 吕酱油肯定考不上研究生，因为他的名字太难听。 注意：指出“调查者不中立”并不是诉诸人身。因为，如果调查者不中立，就存在调查结果不可信的可能。比如老吕的爸爸说老吕的课讲得好，这并不可信。因为老吕的爸爸可能出于亲情而偏袒老吕。
	10.诉诸权威	试图用权威的观点或情况，而不是用逻辑来说服别人。	例①：康哥听某专家说生姜擦头皮能治疗脱发，因此康哥经常用生姜擦头皮。 例②：一个优秀学长认为老吕的书好，可见老吕的书一定好。
	11.诉诸众人	试图用众人的观点或情况，而不是用逻辑来说服别人。	例如： 既然有好多人不喜欢吕酱油，那么吕酱油一定有问题。
	12.诉诸主观（主观观点）	用缺少论据的主观观点来削弱或支持客观事实是没有力度的。	题干：事实上，老吕长得丑。 选项：老吕认为自己长得帅。

续表

类型	名称	含义	示例
反例与绝对	13.不当反例	1.反例可反驳一般性、绝对化结论。 2.反例不能反驳多数人的情况、不能反驳平均值、不能反驳调查结论（除非这个调查结论是针对所有人的）。出现用反例来反驳这类情况时，就可称为不当反例。 3 不当反例的常用句式：“有的”“有的不”“并非所有”“可能不”。	题干： ①该公司员工的平均月收入超过 10 000 元。 ②该公司大多数员工的月收入超过 10 000 元。 ③该公司所有员工的月收入都超过 10 000 元。 选项：该公司有的员工月收入为 8 000 元。 分析：选项作为反例可以反驳③，但不能反驳①和②。
	14.否定最高级	选项中出现“否定词+绝对化词或最高级词”，如：“不仅仅”“不是唯一的”“不是最重要的”“不完全”。	题干： ①你喜欢我，我长得帅肯定是最重要的原因。 ②你喜欢我，我长得帅肯定是原因之一。 选项：帅不是我喜欢你的最重要的原因。 分析：此选项可以质疑①，但不能质疑②。
	15.明否暗肯	有一些选项，看起来是否定的语气，但实际上肯定了题干的论证，这种选项叫明否暗肯项。	例如： 张三喜欢老吕，是不是因为老吕帅？ ①张三喜欢老吕不仅仅是因为老吕帅。 ②帅仅仅是张三喜欢老吕的原因之一。 ③除了帅以外，张三还喜欢老吕开着玛莎拉蒂时的专注的眼神。

续表

类型	名称	含义	示例
反例与绝对	15.明否暗肯		①、②、③其实都肯定了帅是张三喜欢老吕的原因，是支持项。
其他类	16.两可选项	在削弱或支持题中，如果出现一个选项既存在支持题干的可能性，又存在削弱题干的可能性，则称为两可选项。	题干：应当将摩托车车道扩宽为3米，让骑摩托车的人有较宽的车道，从而消除抢道的现象。 选项：该项目需要进行项目评估。 选项分析："需要进行项目评估"，那么就存在经过评估后证明可行的可能，也存在经过评估后证明不可行的可能；即该项可能削弱题干，也可能支持题干。
	17.存在难度	只有题干讨论的话题是某件事的完成或某个目标达成的难易程度，"存在难度"才能削弱或支持。	看以下两个断定： ①吕酱心可以很容易地考上研究生。 ②吕酱心可以考上研究生。 "考上研究生存在难度"可以质疑①，但不能质疑②，因为有难度并不代表不可行。
	18.规范命题	规范命题亦称"道义命题""规范模态命题"，是指含有"必须（应该）""禁止""可以（允许）""可以不"这类规范词的命题。它是用来给人（规范的承受者）的行动提出某种命令或规定的命题。	例如： 行人必须遵守交通规则。 禁止随地吐痰。 大学生可以（允许）谈恋爱。 大学生可以（允许）不谈恋爱。 规范命题可以削弱规范命题，但不能削弱原因。 "大学生不应该结婚"可以削弱"大学生应该结婚"，但不能削弱"大学生张珊和李思结婚的原因是他们相爱"。

续表

类型	名称	含义	示例
其他类	19.其他措施	结构（1）：措施A可以达到目的。 这种结构的题干，“另有其他措施”的选项是干扰项，不能削弱题干。 结构（2）：为了达到目的必须用措施A。 这种结构的题干，“另有其他措施”可以削弱。即，有其他方式也可以达到目的，未必用措施A。	例①： 坐飞机可以到达北京。 反驳：坐高铁可以到达北京。 这一反驳是无效的，因为坐高铁能去北京，并不能反驳坐飞机也可以去北京。 例②： 去北京，必须（一定要）坐飞机。 反驳：去北京可以坐高铁。 这一反驳是有效的，既然坐高铁也可以去北京，那么就不必非得坐飞机。
	20.因人而异	选项中出现因人而异、因物而异，这种选项一般是正确的废话，不能削弱或支持题干。	例如： 酱油问康哥：“你觉得我和酱心在一起合适吗？” 康哥回答说：“找对象这个问题因人而异。” 康哥说了一句正确的废话，他并没有支持或反对酱油和酱心在一起。
假设类题目	21.假设过度	所谓“隐含假设”就是指题干论证想成立所要具备的“必要条件”，暗含“最低限度要求”的意思。如果选项超过了题干的需要，就是假设过度。	例如： 吕酱油想买一部价格为6 800元的华为手机，但他手上没钱，于是去找爸爸要钱。爸爸给他钱以后，他买到了想要的华为手机。 此例中的隐含假设是：爸爸给他的钱够6 800元，即够他买手机的钱。但并不假设他爸给他的钱比6 800元多，如果比6 800元多，就超出了吕酱油的需要。

续表

类型	名称	含义	示例
假设类题目	22.偷换论证对象	假设题中，选项与题干在论证对象上没有保持一致。	题干说的是“灭活疫苗”，如果选项出现“其他疫苗”就是干扰项。
	23.转移论题	假设题中，选项与题干在话题上没有保持一致。	题干说的是“老吕的颜值高”，如果选项出现“老吕的才华也不错”就是干扰项。
	24.偷换量词	假设题中，选项与题干在量词上没有保持一致。	①题干说的是“大部分人”，如果选项出现“所有人”就是干扰项。 ②题干说的是“有人”，如果选项出现“大多数”“少部分”“绝大部分”等就是干扰项。 ③题干说的是“短期内”，如果选项出现“近3年”等就是干扰项。
	25.程度不同	假设题中，选项与题干在程度上没有保持一致。	①题干说的是“可能”，如果选项中出现“一定”“必然”“绝对”就是干扰项。 ②题干说的是“影响因素”，选项若为“最重要的影响因素”“主要影响因素”“唯一影响因素”等就是干扰项。

续表

类型	名称	含义	示例
推论题	26.推理过度	推理题要求忠实于题干，不能根据自己的理解做出过多的递进式的推理。	题干：老吕今天吃的有点多了。 选项：看来老吕体重要超标了。 分析：此选项推理过度，仅由一顿饭吃的多少难以推断出体重是否超标。
	27.偷换对象/话题/程度/范围等	推论题也要求选项与题干对象一致、话题一致、程度一致、范围一致。如果以上内容不一致，就是干扰项。	此处干扰项的设置方法与假设题一样，可参考假设题的干扰项。

第7部分

33个秒杀口诀

序号	口诀名称	口诀内容
1	逆否命题	逆否命题等价于原命题。
2	箭头指向原则	有箭头指向则为真，没有箭头指向则可真可假。
3	假言命题	充分条件A推B。 必要条件B推A。 充要条件两头推。
4	“除非否则”的三种句式	去“除”去“否”，箭头右划。 加“非”去“否”，箭头右划。 “除”字去掉，箭头反划。
5	联言选言命题	全真且为真，有假且为假。 有真或为真，全假或为假。 一真一假要么为真，同真同假要么为假。
6	对当关系	矛盾关系，一真一假；一真另必假，一假另必真。 反对关系，至少一假；一真另必假，一假另不定。 下反对关系，至少一真；一假另必真，一真另不定。 推理关系，上真下必真，下假上必假；反之则不定。
7	负命题	肯定变否定，否定变肯定。 所有变有的，有的变所有。 必然变可能，可能变必然。 并且变或者，或者变并且。
8	推理基本法	肯前必肯后，否后必否前。
9	假言串联/无串联模型	题干假言有重复，通过重复做串联； 题干假言无重复，选项直接做排除。
10	事实假言模型	题干事实加假言，事实出发做串联； 肯前否后别犹豫，重复信息直接连。
11	选项事实假言模型	选项事实和假言，假言选项优先选； 选项前件当已知，判断后件的真假。

续表

序号	口诀名称	口诀内容
12	假言事实模型	假言推事实，办法有两种； 要么找矛盾，要么找二难。
13	如何找二难推理	前件一正一反，容易出现二难。 前件后件一个样，后件逆否出二难。
14	数量假言模型	题干数量加假言，数量关系优先算； 假言命题做串联，易出矛盾和二难。
15	“有的”互换原则	有的互换不逆否，假言逆否不互换。
16	性质串联模型	题干有的加所有，有的一定串开头； 重复元素直接串，有的互换找答案。
17	“所有”推“有的”	所有 A 是 B,互换变有的。
18	串联矛盾模型	题干出现多假言，哪项削弱不可能。 先把题干做串联，肯前否后找矛盾。
19	复杂对当关系的锁定	反对关系找并且。 下反对关系找或者。 推理关系干肢干。
20	定量匹配模型	事实问题优先看，重复元素是关键。 两组匹配可表格，三组匹配可连线。
21	不定量匹配模型	不定量匹配先计算，事实重复是关键。 数量可能有矛盾，可用表格别连线。
22	拆桥搭桥模型	对象概念有变化，此题就考拆和搭。 主对主，谓对谓，论据就和论点对。
23	无关选项的排除	选项题干需相关，题干说啥我选啥。 题干说东别选西，题干打狗别骂鸡。

续表

序号	口诀名称	口诀内容
24	归纳论证模型	论据小，论点大，此题考点是归纳。 数量广度随机性，调查机构中立吗？
25	类比论证模型	论据 A，论点 B，此题考点是类比。 支持假设就搭桥，质疑削弱找差异。
26	演绎论证模型	论据一般点个体，此题考点是演绎。 这种题目很简单，画画箭头出答案。
27	数量比率模型	通过数量做断定，列出比率看分母（分子分母）。 通过比率做断定，比率错误或用量。
28	现象原因模型	摆现象、析原因，倒置无关和否因。 另有他因看排斥，有无因果看相似。
29	求异法模型	两组比、前后比，此题考点是求异。 先看对象和样本，再看差异和因果。
30	百分比 对比模型	百分比，来对比，本质就是考求异。 支持一般找差比，削弱同比反差比。
31	共变法模型	三组对比越来越，此题考点是共变。 先看倒置和共因，再看他因和因果。
32	预测结果模型	将会就会未来会，此题考点是预测。 给出理由做支持，或找理由来削弱。
33	综合推理的 条件优先级	事实问题优先看，数量不定先计算。 半事实条件可分类，重复元素是关键。 题干如果多假言，就要优先做串联。 题干只有一假言，否后或者找矛盾。 特殊条件优先看，其他条件放后边。